Date _____   **Caster** _____

Name of Ritual or Spell _____

Purpose _____

Participants   **Deities Invoked**

Waxing   Full Moon   Waning

Description

Ingredients and Equipment

Immediate feelings and effects

Follow Up

Manifestation Date _____

Results _____

Date _____ Caster _____

Name of Ritual or Spell _____

Purpose _____

Participants   Deities Invoked

Waxing   Full Moon   Waning

Description

Ingredients and Equipment

Immediate feelings and effects

Follow Up

Manifestation Date _____

Results _____

Date _____ **Caster** _____

Name of Ritual or Spell _____

Purpose _____

Participants　　　　　　　**Deities Invoked**

　　　　Waxing　　　　　　　Full Moon　　　　　　　Waning

　　● ◑ ◐ ○ ◑ ◑ ●

Description

_____
_____
_____
_____
_____

Ingredients and Equipment

_____
_____
_____
_____
_____
_____
_____
_____

Immediate feelings and effects

_____
_____
_____
_____
_____

Follow Up

Manifestation Date _____

Results _____

Date _____   Caster _____

Name of Ritual or Spell _____

Purpose _____

Participants   Deities Invoked

Waxing			Full Moon		Waning	

Description

Ingredients and Equipment

Immediate feelings and effects

Follow Up

Manifestation Date _____

Results _____

Date _____ **Caster** _____

Name of Ritual or Spell _____

Purpose _____

Participants　　　　　　　　　**Deities Invoked**

　　　　Waxing　　　　　　　Full Moon　　　　　　　Waning

Description

Ingredients and Equipment

Immediate feelings and effects

Follow Up

Manifestation Date _____

Results _____

Date _____   Caster _____

Name of Ritual or Spell _____

Purpose _____

Participants   Deities Invoked

         Waxing   Full Moon   Waning

Description   Ingredients and Equipment

Immediate feelings and effects

Follow Up

Manifestation Date _____

Results _____

Date _____   **Caster** _____

Name of Ritual or Spell _____

Purpose _____

Participants   **Deities Invoked**

| Waxing | | | Full Moon | | Waning | |

Description

Ingredients and Equipment

Immediate feelings and effects

Follow Up

Manifestation Date _____

Results _____

Date _____ Caster _____

Name of Ritual or Spell _____

Purpose _____

Participants   **Deities Invoked**

Waxing   Full Moon   Waning

Description   Ingredients and Equipment

Immediate feelings and effects

Follow Up

Manifestation Date _____

Results _____

Date _____ **Caster** _____

Name of Ritual or Spell _____

Purpose _____

Participants　　　　　　　　**Deities Invoked**

　　　　Waxing　　　　　　Full Moon　　　　　　Waning

Description

Ingredients and Equipment

Immediate feelings and effects

Follow Up

Manifestation Date _____

Results _____

Date _____ Caster _____

Name of Ritual or Spell _____

Purpose _____

Participants   Deities Invoked

          Waxing   Full Moon   Waning

Description

Ingredients and Equipment

Immediate feelings and effects

Follow Up

Manifestation Date _____

Results _____

Date _____   **Caster** _____

Name of Ritual or Spell _____

Purpose _____

Participants   **Deities Invoked**

Waxing   Full Moon   Waning

Description   Ingredients and Equipment

Immediate feelings and effects

Follow Up

Manifestation Date _____

Results _____

Date _____   Caster _____

Name of Ritual or Spell _____

Purpose _____

Participants   **Deities Invoked**

Waxing   Full Moon   Waning

Description

_____
_____
_____
_____
_____
_____

Immediate feelings and effects

_____
_____
_____
_____
_____
_____

Ingredients and Equipment

_____
_____
_____
_____
_____
_____
_____
_____
_____
_____
_____
_____
_____

Follow Up

Manifestation Date _____

Results _____

Date _____ **Caster** _____

Name of Ritual or Spell _____

Purpose _____

Participants **Deities Invoked**

Waxing   Full Moon   Waning

Description

Ingredients and Equipment

Immediate feelings and effects

Follow Up

Manifestation Date _____

Results _____

Date _____ Caster _____

Name of Ritual or Spell _____

Purpose _____

Participants   Deities Invoked

Waxing   Full Moon   Waning

Description

Ingredients and Equipment

Immediate feelings and effects

Follow Up

Manifestation Date _____

Results _____

Date _____ **Caster** _____

Name of Ritual or Spell _____

Purpose _____

Participants   **Deities Invoked**

Waxing   Full Moon   Waning

Description

Ingredients and Equipment

Immediate feelings and effects

Follow Up

Manifestation Date _____

Results _____

Date _____ Caster _____

Name of Ritual or Spell _____

Purpose _____

Participants **Deities Invoked**

Waxing   Full Moon   Waning

Description

Ingredients and Equipment

Immediate feelings and effects

Follow Up

Manifestation Date _____

Results _____

Date _____   **Caster** _____

Name of Ritual or Spell _____

Purpose _____

Participants   **Deities Invoked**

| Waxing | | | Full Moon | | Waning | |

Description

Ingredients and Equipment

Immediate feelings and effects

Follow Up

Manifestation Date _____

Results _____

Date _____   Caster _____

Name of Ritual or Spell _____

Purpose _____

Participants   Deities Invoked

| Waxing | | | Full Moon | | | Waning |

Description

Ingredients and Equipment

Immediate feelings and effects

Follow Up

Manifestation Date _____

Results _____

Date _____ **Caster** _____

Name of Ritual or Spell _____

Purpose _____

Participants   **Deities Invoked**

Waxing   Full Moon   Waning

Description   Ingredients and Equipment

_____   _____
_____   _____
_____   _____
_____   _____
_____   _____

Immediate feelings and effects   _____
_____   _____
_____   _____
_____   _____
_____   _____
_____   _____

Follow Up

Manifestation Date _____

Results _____

Date _____ Caster _____

Name of Ritual or Spell _____

Purpose _____

Participants **Deities Invoked**

Waxing Full Moon Waning

Description

Ingredients and Equipment

Immediate feelings and effects

Follow Up

Manifestation Date _____

Results _____

Date _____   **Caster** _____

Name of Ritual or Spell _____

Purpose _____

Participants   **Deities Invoked**

Waxing   Full Moon   Waning

Description   Ingredients and Equipment

Immediate feelings and effects

Follow Up

Manifestation Date _____

Results _____

Date _____   Caster _____

Name of Ritual or Spell _____

Purpose _____

Participants   **Deities Invoked**

           Waxing   Full Moon   Waning

Description   **Ingredients and Equipment**

_____   _____
_____   _____
_____   _____
_____   _____
_____   _____

Immediate feelings and effects

_____   _____
_____   _____
_____   _____
_____   _____
_____   _____

Follow Up

Manifestation Date _____

Results _____

Date _____   **Caster** _____

Name of Ritual or Spell _____

Purpose _____

Participants   **Deities Invoked**

| Waxing | Full Moon | Waning |

Description

Ingredients and Equipment

Immediate feelings and effects

Follow Up

Manifestation Date _____

Results _____

Date _____   Caster _____

Name of Ritual or Spell _____

Purpose _____

Participants   Deities Invoked

Waxing   Full Moon   Waning

Description   Ingredients and Equipment

Immediate feelings and effects

Follow Up

Manifestation Date _____

Results _____

Date _____ **Caster** _____

Name of Ritual or Spell _____

Purpose _____

Participants   **Deities Invoked**

Waxing   Full Moon   Waning

Description   Ingredients and Equipment

Immediate feelings and effects

Follow Up

Manifestation Date _____

Results _____

Date _____   Caster _____

Name of Ritual or Spell _____

Purpose _____

Participants   Deities Invoked

Waxing   Full Moon   Waning

Description   Ingredients and Equipment

Immediate feelings and effects

Follow Up

Manifestation Date _____

Results _____

Date _____ **Caster** _____

Name of Ritual or Spell _____

Purpose _____

Participants   **Deities Invoked**

Waxing   Full Moon   Waning

Description

Ingredients and Equipment

Immediate feelings and effects

Follow Up

Manifestation Date _____

Results _____

Date _____ **Caster** _____

Name of Ritual or Spell _____

Purpose _____

Participants **Deities Invoked**

Waxing   Full Moon   Waning

Description

Ingredients and Equipment

Immediate feelings and effects

Follow Up

Manifestation Date _____

Results _____

Date _____   **Caster** _____

Name of Ritual or Spell _____

Purpose _____

Participants   **Deities Invoked**

| Waxing | | | Full Moon | | | Waning |

Description

_____
_____
_____
_____
_____

Ingredients and Equipment

_____
_____
_____
_____
_____
_____
_____
_____
_____
_____

Immediate feelings and effects

_____
_____
_____
_____
_____

Follow Up

Manifestation Date _____

Results _____

Date _____   **Caster** _____

Name of Ritual or Spell _____

Purpose _____

Participants   **Deities Invoked**

Waxing   Full Moon   Waning

Description

Ingredients and Equipment

Immediate feelings and effects

Follow Up

Manifestation Date _____

Results _____

Date _____ **Caster** _____

Name of Ritual or Spell _____

Purpose _____

Participants **Deities Invoked**

Waxing   Full Moon   Waning

Description

_____
_____
_____
_____
_____

Ingredients and Equipment

_____
_____
_____
_____
_____
_____
_____
_____

Immediate feelings and effects

_____
_____
_____
_____
_____

Follow Up

Manifestation Date _____

Results _____

Date _____   Caster _____

Name of Ritual or Spell _____

Purpose _____

Participants   **Deities Invoked**

Waxing   Full Moon   Waning

Description

Ingredients and Equipment

Immediate feelings and effects

Follow Up

Manifestation Date _____

Results _____

Date _____ **Caster** _____

Name of Ritual or Spell _____

Purpose _____

Participants　　　　　　　**Deities Invoked**

　　　Waxing　　　　　　　Full Moon　　　　　　　Waning

Description

Ingredients and Equipment

Immediate feelings and effects

Follow Up

Manifestation Date _____

Results _____

Date _____ Caster _____

Name of Ritual or Spell _____

Purpose _____

Participants   Deities Invoked

Waxing   Full Moon   Waning

Description   Ingredients and Equipment

Immediate feelings and effects

Follow Up

Manifestation Date _____

Results _____

Date _____ **Caster** _____

Name of Ritual or Spell _____

Purpose _____

Participants   **Deities Invoked**

Waxing   Full Moon   Waning

Description   Ingredients and Equipment

Immediate feelings and effects

Follow Up

Manifestation Date _____

Results _____

Date _____   Caster _____

Name of Ritual or Spell _____

Purpose _____

Participants   Deities Invoked

Waxing   Full Moon   Waning

Description   Ingredients and Equipment

Immediate feelings and effects

Follow Up

Manifestation Date _____

Results _____

Date _____ **Caster** _____

Name of Ritual or Spell _____

Purpose _____

Participants   **Deities Invoked**

Waxing   Full Moon   Waning

Description

Ingredients and Equipment

Immediate feelings and effects

Follow Up

Manifestation Date _____

Results _____

Date _____ Caster _____

Name of Ritual or Spell _____

Purpose _____

Participants   Deities Invoked

Waxing   Full Moon   Waning

Description

Ingredients and Equipment

Immediate feelings and effects

Follow Up

Manifestation Date _____

Results _____

Date _____   **Caster** _____

Name of Ritual or Spell _____

Purpose _____

Participants   **Deities Invoked**

| Waxing | | | Full Moon | | | Waning |

Description

Ingredients and Equipment

Immediate feelings and effects

Follow Up

Manifestation Date _____

Results _____

Date _____ Caster _____

Name of Ritual or Spell _____

Purpose _____

Participants   Deities Invoked

Waxing   Full Moon   Waning

Description   Ingredients and Equipment

Immediate feelings and effects

Follow Up

Manifestation Date _____

Results _____

Date _____   **Caster** _____

Name of Ritual or Spell _____

Purpose _____

Participants   **Deities Invoked**

Waxing   Full Moon   Waning

Description

Ingredients and Equipment

Immediate feelings and effects

Follow Up

Manifestation Date _____

Results _____

Date _____ Caster _____

Name of Ritual or Spell _____

Purpose _____

Participants   Deities Invoked

Waxing   Full Moon   Waning

Description   Ingredients and Equipment

Immediate feelings and effects

Follow Up

Manifestation Date _____

Results _____

Date _____   **Caster** _____

Name of Ritual or Spell _____

Purpose _____

Participants   **Deities Invoked**

| Waxing | | | Full Moon | | | Waning |

Description

_____
_____
_____
_____

Ingredients and Equipment

_____
_____
_____
_____

Immediate feelings and effects

_____
_____
_____
_____
_____

Follow Up

Manifestation Date _____

Results _____

Date _____   Caster _____

Name of Ritual or Spell _____

Purpose _____

Participants   Deities Invoked

Waxing   Full Moon   Waning

Description   Ingredients and Equipment

Immediate feelings and effects

Follow Up

Manifestation Date _____

Results _____

Date _____ **Caster** _____

Name of Ritual or Spell _____

Purpose _____

Participants   **Deities Invoked**

| Waxing | | | Full Moon | | Waning | |

Description

Ingredients and Equipment

Immediate feelings and effects

Follow Up

Manifestation Date _____

Results _____

Date _____ Caster _____

Name of Ritual or Spell _____

Purpose _____

Participants   Deities Invoked

            Waxing   Full Moon   Waning

Description   Ingredients and Equipment

Immediate feelings and effects

                              Follow Up

Manifestation Date _____

    Results _____

Date _____   **Caster** _____

Name of Ritual or Spell _____

Purpose _____

Participants   **Deities Invoked**

Waxing   Full Moon   Waning

Description   Ingredients and Equipment

Immediate feelings and effects

Follow Up

Manifestation Date _____

Results _____

Date _____ **Caster** _____

Name of Ritual or Spell _____

Purpose _____

Participants　　　　　　　　　**Deities Invoked**

　　　　Waxing　　　　　　　Full Moon　　　　　　　Waning

Description　　　　　　　　　　　　　　**Ingredients and Equipment**

_____　　　_____
_____　　　_____
_____　　　_____
_____　　　_____
_____　　　_____

Immediate feelings and effects

_____　　　_____
_____　　　_____
_____　　　_____
_____　　　_____
_____　　　_____

Follow Up

Manifestation Date _____

Results _____

Date _____   **Caster** _____

Name of Ritual or Spell _____

Purpose _____

Participants   **Deities Invoked**

Waxing   Full Moon   Waning

Description

Ingredients and Equipment

Immediate feelings and effects

Follow Up

Manifestation Date _____

Results _____

Date _____   Caster _____

Name of Ritual or Spell _____

Purpose _____

Participants   Deities Invoked

Waxing   Full Moon   Waning

Description   Ingredients and Equipment

Immediate feelings and effects

Follow Up

Manifestation Date _____

Results _____

Date _____   **Caster** _____

Name of Ritual or Spell _____

Purpose _____

Participants   **Deities Invoked**

| Waxing | Full Moon | Waning |

Description

Ingredients and Equipment

Immediate feelings and effects

Follow Up

Manifestation Date _____

Results _____

Date _____   Caster _____

Name of Ritual or Spell _____

Purpose _____

Participants   **Deities Invoked**

Waxing   Full Moon   Waning

Description

Ingredients and Equipment

Immediate feelings and effects

Follow Up

Manifestation Date _____

Results _____

Date _____   **Caster** _____

Name of Ritual or Spell _____

Purpose _____

Participants   **Deities Invoked**

Waxing   Full Moon   Waning

Description   Ingredients and Equipment

Immediate feelings and effects

Follow Up

Manifestation Date _____

Results _____

Date _____   Caster _____

Name of Ritual or Spell _____

Purpose _____

Participants   **Deities Invoked**

         Waxing   Full Moon   Waning

Description   Ingredients and Equipment

Immediate feelings and effects

Follow Up

Manifestation Date _____

Results _____

Date _____   **Caster** _____

Name of Ritual or Spell _____

Purpose _____

Participants   **Deities Invoked**

           Waxing   Full Moon   Waning

Description

Ingredients and Equipment

Immediate feelings and effects

Follow Up

Manifestation Date _____

Results _____

Date _____ Caster _____

Name of Ritual or Spell _____

Purpose _____

Participants   Deities Invoked

Waxing   Full Moon   Waning

Description   Ingredients and Equipment

Immediate feelings and effects

Follow Up

Manifestation Date _____

Results _____

Date _____ **Caster** _____

Name of Ritual or Spell _____

Purpose _____

Participants **Deities Invoked**

Waxing Full Moon Waning

Description

Ingredients and Equipment

Immediate feelings and effects

Follow Up

Manifestation Date _____

Results _____

Date _____   Caster _____

Name of Ritual or Spell _____

Purpose _____

Participants   Deities Invoked

Waxing   Full Moon   Waning

Description

Ingredients and Equipment

Immediate feelings and effects

Follow Up

Manifestation Date _____

Results _____

Date _____   **Caster** _____

Name of Ritual or Spell _____

Purpose _____

Participants   **Deities Invoked**

Waxing   Full Moon   Waning

Description

Ingredients and Equipment

Immediate feelings and effects

Follow Up

Manifestation Date _____

Results _____

Date _____ Caster _____

Name of Ritual or Spell _____

Purpose _____

Participants   Deities Invoked

Waxing   Full Moon   Waning

Description

Ingredients and Equipment

Immediate feelings and effects

Follow Up

Manifestation Date _____

Results _____

Date _____   **Caster** _____

Name of Ritual or Spell _____

Purpose _____

Participants   **Deities Invoked**

Waxing   Full Moon   Waning

Description   Ingredients and Equipment

Immediate feelings and effects

Follow Up

Manifestation Date _____

Results _____

Date _____ Caster _____

Name of Ritual or Spell _____

Purpose _____

Participants   Deities Invoked

Waxing   Full Moon   Waning

Description   Ingredients and Equipment

Immediate feelings and effects

Follow Up

Manifestation Date _____

Results _____

Date _____   **Caster** _____

Name of Ritual or Spell _____

Purpose _____

Participants   **Deities Invoked**

Waxing   Full Moon   Waning

Description

Ingredients and Equipment

Immediate feelings and effects

Follow Up

Manifestation Date _____

Results _____

Date _____ Caster _____

Name of Ritual or Spell _____

Purpose _____

Participants **Deities Invoked**

Waxing Full Moon Waning

Description

Ingredients and Equipment

Immediate feelings and effects

Follow Up

Manifestation Date _____

Results _____

Date _____   **Caster** _____

Name of Ritual or Spell _____

Purpose _____

Participants   **Deities Invoked**

Waxing   Full Moon   Waning

Description   Ingredients and Equipment

Immediate feelings and effects

Follow Up

Manifestation Date _____

Results _____

Date _____   Caster _____

Name of Ritual or Spell _____

Purpose _____

Participants   Deities Invoked

| Waxing | Full Moon | Waning |

Description

Ingredients and Equipment

Immediate feelings and effects

Follow Up

Manifestation Date _____

Results _____

Date _____   **Caster** _____

Name of Ritual or Spell _____

Purpose _____

Participants   **Deities Invoked**

Waxing   Full Moon   Waning

Description

Ingredients and Equipment

Immediate feelings and effects

Follow Up

Manifestation Date _____

Results _____

Date _____ Caster _____

Name of Ritual or Spell _____

Purpose _____

Participants   Deities Invoked

    Waxing   Full Moon   Waning

Description   Ingredients and Equipment

Immediate feelings and effects

Follow Up

Manifestation Date _____

Results _____

Date _____   **Caster** _____

Name of Ritual or Spell _____

Purpose _____

Participants   **Deities Invoked**

　　　　Waxing　　　　　　Full Moon　　　　　　Waning

Description

Ingredients and Equipment

Immediate feelings and effects

Follow Up

Manifestation Date _____

Results _____

Date _____ Caster _____

Name of Ritual or Spell _____

Purpose _____

Participants   Deities Invoked

Waxing			Full Moon			Waning
🌑	🌒	🌓	🌕	🌗	🌘	🌑

Description

_____
_____
_____
_____
_____

Immediate feelings and effects

_____
_____
_____
_____
_____

Ingredients and Equipment

_____
_____
_____
_____
_____
_____
_____
_____
_____
_____

Follow Up

Manifestation Date _____

Results _____

Date _____ **Caster** _____

Name of Ritual or Spell _____

Purpose _____

Participants　　　　　　　　　　**Deities Invoked**

　　　　Waxing　　　　　　　Full Moon　　　　　　　Waning

Description

Ingredients and Equipment

Immediate feelings and effects

Follow Up

Manifestation Date _____

Results _____

Date _____ Caster _____

Name of Ritual or Spell _____

Purpose _____

Participants   Deities Invoked

| Waxing | | | Full Moon | | | Waning |

Description

Ingredients and Equipment

Immediate feelings and effects

Follow Up

Manifestation Date _____

Results _____

Date _____ **Caster** _____

Name of Ritual or Spell _____

Purpose _____

Participants   **Deities Invoked**

Waxing   Full Moon   Waning

Description

Ingredients and Equipment

Immediate feelings and effects

Follow Up

Manifestation Date _____

Results _____

Date _____   Caster _____

Name of Ritual or Spell _____

Purpose _____

Participants   **Deities Invoked**

Waxing			Full Moon			Waning

Description

Ingredients and Equipment

Immediate feelings and effects

Follow Up

Manifestation Date _____

Results _____

Date _____ **Caster** _____

Name of Ritual or Spell _____

Purpose _____

Participants　　　　　　　　　**Deities Invoked**

| Waxing　　　　　　　　Full Moon　　　　　　　　Waning |

Description

Ingredients and Equipment

Immediate feelings and effects

Follow Up

Manifestation Date _____

Results _____

Date _____ **Caster** _____

Name of Ritual or Spell _____

Purpose _____

Participants   **Deities Invoked**

Waxing　　　　　Full Moon　　　　　Waning

Description

Ingredients and Equipment

Immediate feelings and effects

Follow Up

Manifestation Date _____

Results _____

Date _____   **Caster** _____

Name of Ritual or Spell _____

Purpose _____

Participants   **Deities Invoked**

Waxing   Full Moon   Waning

Description   Ingredients and Equipment

Immediate feelings and effects

Follow Up

Manifestation Date _____

Results _____

Date _____   Caster _____

Name of Ritual or Spell _____

Purpose _____

Participants   Deities Invoked

Waxing   Full Moon   Waning

Description   Ingredients and Equipment

Immediate feelings and effects

Follow Up

Manifestation Date _____

Results _____

Date _____   **Caster** _____

Name of Ritual or Spell _____

Purpose _____

Participants   **Deities Invoked**

| Waxing | | | Full Moon | | Waning | |

Description

Ingredients and Equipment

Immediate feelings and effects

Follow Up

Manifestation Date _____

Results _____

Date _____ Caster _____

Name of Ritual or Spell _____

Purpose _____

Participants   Deities Invoked

Waxing   Full Moon   Waning

Description   Ingredients and Equipment

Immediate feelings and effects

Follow Up

Manifestation Date _____

Results _____

Date _____ **Caster** _____

Name of Ritual or Spell _____

Purpose _____

Participants **Deities Invoked**

| Waxing | | | Full Moon | | | Waning |

Description

Ingredients and Equipment

Immediate feelings and effects

Follow Up

Manifestation Date _____

Results _____

Date _____ Caster _____

Name of Ritual or Spell _____

Purpose _____

Participants   Deities Invoked

Waxing   Full Moon   Waning

Description   Ingredients and Equipment

Immediate feelings and effects

Follow Up

Manifestation Date _____

Results _____

Date _____ **Caster** _____

Name of Ritual or Spell _____

Purpose _____

Participants   **Deities Invoked**

Waxing   Full Moon   Waning

Description   Ingredients and Equipment

Immediate feelings and effects

Follow Up

Manifestation Date _____

Results _____

Date _____ Caster _____

Name of Ritual or Spell _____

Purpose _____

Participants   Deities Invoked

Waxing   Full Moon   Waning

Description   Ingredients and Equipment

Immediate feelings and effects

Follow Up

Manifestation Date _____

Results _____

Date _____ **Caster** _____

Name of Ritual or Spell _____

Purpose _____

Participants   **Deities Invoked**

| Waxing | Full Moon | Waning |

Description
_____
_____
_____
_____
_____

Ingredients and Equipment
_____
_____
_____
_____
_____
_____
_____
_____
_____

Immediate feelings and effects
_____
_____
_____
_____
_____

Follow Up

Manifestation Date _____

Results _____

Date _____ Caster _____

Name of Ritual or Spell _____

Purpose _____

Participants   **Deities Invoked**

Waxing   Full Moon   Waning

Description

Ingredients and Equipment

Immediate feelings and effects

Follow Up

Manifestation Date _____

Results _____

Date _____ **Caster** _____

Name of Ritual or Spell _____

Purpose _____

Participants   **Deities Invoked**

                Waxing   Full Moon   Waning

Description

Ingredients and Equipment

Immediate feelings and effects

Follow Up

Manifestation Date _____

Results _____

Date _____ Caster _____

Name of Ritual or Spell _____

Purpose _____

Participants　　　　　　　　　　**Deities Invoked**

　　　　Waxing　　　　　　　　Full Moon　　　　　　　　Waning

Description　　　　　　　　　　　　　　　　Ingredients and Equipment

Immediate feelings and effects

Follow Up

Manifestation Date _____

Results _____

Date _____ **Caster** _____

Name of Ritual or Spell _____

Purpose _____

Participants   **Deities Invoked**

| Waxing | | | Full Moon | | | Waning |

Description

Ingredients and Equipment

Immediate feelings and effects

Follow Up

Manifestation Date _____

Results _____

Date _____   Caster _____

Name of Ritual or Spell _____

Purpose _____

Participants   Deities Invoked

Waxing   Full Moon   Waning

Description

Ingredients and Equipment

Immediate feelings and effects

Follow Up

Manifestation Date _____

Results _____

Date _____ **Caster** _____

Name of Ritual or Spell _____

Purpose _____

Participants **Deities Invoked**

Waxing   Full Moon   Waning

Description

Ingredients and Equipment

Immediate feelings and effects

Follow Up

Manifestation Date _____

Results _____

Date _____ Caster _____

Name of Ritual or Spell _____

Purpose _____

Participants   Deities Invoked

Waxing   Full Moon   Waning

Description

_____
_____
_____
_____
_____
_____

Ingredients and Equipment

_____
_____
_____
_____
_____
_____

Immediate feelings and effects

_____
_____
_____
_____
_____

Follow Up

Manifestation Date _____

Results _____

Date _____ **Caster** _____

Name of Ritual or Spell _____

Purpose _____

Participants   **Deities Invoked**

Waxing			Full Moon			Waning
●	◗	◐	○	◑	◖	●

Description

Ingredients and Equipment

Immediate feelings and effects

Follow Up

Manifestation Date _____

Results _____

Date _____   Caster _____

Name of Ritual or Spell _____

Purpose _____

Participants   Deities Invoked

Waxing   Full Moon   Waning

Description

Ingredients and Equipment

Immediate feelings and effects

Follow Up

Manifestation Date _____

Results _____

Date _____ **Caster** _____

Name of Ritual or Spell _____

Purpose _____

Participants　　　　　　　　　**Deities Invoked**

　　　　Waxing　　　　　　Full Moon　　　　　　Waning

Description

Ingredients and Equipment

Immediate feelings and effects

Follow Up

Manifestation Date _____

Results _____

Date _____ Caster _____

Name of Ritual or Spell _____

Purpose _____

Participants   Deities Invoked

Waxing   Full Moon   Waning

Description

_____
_____
_____
_____

Ingredients and Equipment

_____
_____
_____
_____

Immediate feelings and effects

_____
_____
_____
_____

Follow Up

Manifestation Date _____

Results _____

Date _____ **Caster** _____

Name of Ritual or Spell _____

Purpose _____

Participants　　　　　　　　**Deities Invoked**

　　　　Waxing　　　　　　　　Full Moon　　　　　　　　Waning

Description

Ingredients and Equipment

Immediate feelings and effects

Follow Up

Manifestation Date _____

Results _____

Date _____   Caster _____

Name of Ritual or Spell _____

Purpose _____

Participants   Deities Invoked

Waxing   Full Moon   Waning

Description   Ingredients and Equipment

_____   _____
_____   _____
_____   _____
_____   _____
_____   _____

Immediate feelings and effects

_____   _____
_____   _____
_____   _____
_____   _____

Follow Up

Manifestation Date _____

Results _____

Date _____   **Caster** _____

Name of Ritual or Spell _____

Purpose _____

Participants   **Deities Invoked**

Waxing   Full Moon   Waning

Description

Ingredients and Equipment

Immediate feelings and effects

Follow Up

Manifestation Date _____

Results _____

Date _____ Caster _____

Name of Ritual or Spell _____

Purpose _____

Participants　　　　　　　　　**Deities Invoked**

　　　　Waxing　　　　　　　Full Moon　　　　　　　Waning

Description

Ingredients and Equipment

Immediate feelings and effects

Follow Up

Manifestation Date _____

Results _____

Date _____   **Caster** _____

Name of Ritual or Spell _____

Purpose _____

Participants   **Deities Invoked**

Waxing   Full Moon   Waning

Description

Ingredients and Equipment

Immediate feelings and effects

Follow Up

Manifestation Date _____

Results _____

Date _____   Caster _____

Name of Ritual or Spell _____

Purpose _____

Participants   **Deities Invoked**

        Waxing   Full Moon   Waning

Description   **Ingredients and Equipment**

_____   _____
_____   _____
_____   _____
_____   _____
_____   _____

Immediate feelings and effects

_____   _____
_____   _____
_____   _____
_____   _____

                    Follow Up

Manifestation Date _____

        Results _____

Date _____ **Caster** _____

Name of Ritual or Spell _____

Purpose _____

Participants   **Deities Invoked**

Waxing			Full Moon		Waning	
●	◐	◑	○	◐	◕	●

Description   Ingredients and Equipment

Immediate feelings and effects

Follow Up

Manifestation Date _____

Results _____

Date _____   Caster _____

Name of Ritual or Spell _____

Purpose _____

Participants   **Deities Invoked**

| Waxing | | | Full Moon | | | Waning |

Description

Ingredients and Equipment

Immediate feelings and effects

Follow Up

Manifestation Date _____

Results _____

Date _____ **Caster** _____

Name of Ritual or Spell _____

Purpose _____

Participants **Deities Invoked**

Waxing Full Moon Waning

Description

Ingredients and Equipment

Immediate feelings and effects

Follow Up

Manifestation Date _____

Results _____

Date _____   Caster _____

Name of Ritual or Spell _____

Purpose _____

Participants   Deities Invoked

Waxing			Full Moon			Waning

Description

_____
_____
_____
_____
_____

Immediate feelings and effects

_____
_____
_____
_____
_____

Ingredients and Equipment

_____
_____
_____
_____
_____
_____
_____
_____
_____
_____

Follow Up

Manifestation Date _____

Results _____

Date _____ **Caster** _____

Name of Ritual or Spell _____

Purpose _____

Participants **Deities Invoked**

Waxing Full Moon Waning

Description

Ingredients and Equipment

Immediate feelings and effects

Follow Up

Manifestation Date _____

Results _____

Date _____ Caster _____

Name of Ritual or Spell _____

Purpose _____

Participants   Deities Invoked

Waxing   Full Moon   Waning

Description   Ingredients and Equipment

Immediate feelings and effects

Follow Up

Manifestation Date _____

Results _____

Date _____ **Caster** _____

Name of Ritual or Spell _____

Purpose _____

Participants   **Deities Invoked**

Waxing   Full Moon   Waning

Description

Ingredients and Equipment

Immediate feelings and effects

Follow Up

Manifestation Date _____

Results _____

Date _____ Caster _____

Name of Ritual or Spell _____

Purpose _____

Participants   Deities Invoked

           Waxing   Full Moon   Waning

Description   Ingredients and Equipment

Immediate feelings and effects

                         Follow Up

Manifestation Date _____

       Results _____

Date _____   **Caster** _____

Name of Ritual or Spell _____

Purpose _____

Participants　　　　　　　　　**Deities Invoked**

　　　Waxing　　　　　　　Full Moon　　　　　　　Waning

Description

Ingredients and Equipment

Immediate feelings and effects

Follow Up

Manifestation Date _____

Results _____

Date _____ Caster _____

Name of Ritual or Spell _____

Purpose _____

Participants   Deities Invoked

| Waxing | | | Full Moon | | | Waning |

Description

Ingredients and Equipment

Immediate feelings and effects

Follow Up

Manifestation Date _____

Results _____

Date _____   **Caster** _____

Name of Ritual or Spell _____

Purpose _____

Participants   **Deities Invoked**

Waxing   Full Moon   Waning

Description

Ingredients and Equipment

Immediate feelings and effects

Follow Up

Manifestation Date _____

Results _____

Date _____ **Caster** _____

Name of Ritual or Spell _____

Purpose _____

Participants   **Deities Invoked**

Waxing   Full Moon   Waning

Description

Ingredients and Equipment

Immediate feelings and effects

Follow Up

Manifestation Date _____

Results _____

Date _____   **Caster** _____

Name of Ritual or Spell _____

Purpose _____

Participants   **Deities Invoked**

Waxing   Full Moon   Waning

Description

Ingredients and Equipment

Immediate feelings and effects

Follow Up

Manifestation Date _____

Results _____

Date _____   Caster _____

Name of Ritual or Spell _____

Purpose _____

Participants   Deities Invoked

Waxing   Full Moon   Waning

Description   Ingredients and Equipment

Immediate feelings and effects

Follow Up

Manifestation Date _____

Results _____

Date _____   **Caster** _____

Name of Ritual or Spell _____

Purpose _____

Participants　　　　　　　　　**Deities Invoked**

| Waxing | | | Full Moon | | | Waning |

Description

Ingredients and Equipment

Immediate feelings and effects

Follow Up

Manifestation Date _____

Results _____

Date _____ Caster _____

Name of Ritual or Spell _____

Purpose _____

Participants   Deities Invoked

Waxing   Full Moon   Waning

Description

Ingredients and Equipment

Immediate feelings and effects

Follow Up

Manifestation Date _____

Results _____

Date _____ **Caster** _____

Name of Ritual or Spell _____

Purpose _____

Participants   **Deities Invoked**

Waxing   Full Moon   Waning

Description   Ingredients and Equipment

Immediate feelings and effects

Follow Up

Manifestation Date _____

Results _____

Date _____ Caster _____

Name of Ritual or Spell _____

Purpose _____

Participants   Deities Invoked

Waxing   Full Moon   Waning

Description   Ingredients and Equipment

Immediate feelings and effects

Follow Up

Manifestation Date _____

Results _____